그램그램 영문법 원정대

제12권 진압하라! 별자리들의 수동태 반란

지은이 장영준 | 구성·그림 어필

사회평론

이 책을 펴내며

처음 만화로 영문법 책을 내겠다고 하니 주변 분들이 모두 이상한 눈으로 저를 바라보셨습니다. 아니 대학교 영문과 교수가 대학 교재도 아니고 코흘리개 애들이나 보는 만화책을 쓰겠다고 하니 의아해 하신 거지요. 물론 만화책이라면 우선 재미가 있어야 하는데 딱딱한 훈장님의 문법 강의가 되지 않을까 걱정하신 바도 있겠지요.

제가 만화 영문법 책을 내겠다고 마음 먹은 이유는 초등학교 4학년짜리 아들 때문입니다. 어릴 때부터 영어를 배웠지만 앵무새처럼 외워서 말하고 따라 읽을 뿐 영어를 전혀 재미있어 하지 않는 겁니다. 영어도 우리말처럼 쉽고 자연스럽게 받아 들이도록 할 수는 없을까 생각했지요. 아이에게 한국어가 우리나라 사람들의 생각을 표현하는 것처럼 영어도 미국이나 영국 사람들의 생각을 표현하는 같은 언어라는 점을 느끼게 하고 싶었습니다. 결코 공부하고 점수를 따야 하는 어려운 대상이 아니라는 것을 말이죠.

영어를 제대로 알려면 영어를 쓰는 사람들이 무엇을 중요하게 생각하는지, 또 우리와 사고 방식이 어떻게 다른지 아는 것이 도움이 됩니다. 우리말과 말의 순서가 다르고, 단수인지 복수인지를 반드시 가리고, 말하는 시점에 따라 다양한 시제를 사용한다는 점은 무조건 외운다고 해서 이해되는 것이 아니니까요. **그런 차이들이 모여 문법이 되는 것이지요.** 그런데 서점에 나와 있는 문법책들을 보면 어린이를 대상으로 하고 있음에도 한결같이 어려운 한자 용어에 이해하기 어려운 설명으로 가득합니다. 화려한 그림에 판형만 커졌을 뿐 성인용 문법책의 축소판입니다.

어떤 분들은 어릴 때는 영문법을 몰라도 된다고 하십니다. 아이들이 좋아하는 이야기 테이프를 들려주고 동화책을 많이 읽게 하면 저절로 문법은 익힐 수 있다고도 하십니다. 그러나 문법이 문장에 나타 나는 반복적인 구조, 말을 하고 글을 쓰는 규칙이라고 할 때 어느 정도 영어의 기초 과정을 거친 어린이들에게 그 규칙을 이해하기 쉽게 알려 준다면 나중에 더 높은 수준의 영어를 배울 때 훨씬 학습 효과가 클 수 있습니다.

이 책을 쓰다 보니 아이들 눈높이에서 재미있고 쉽게 영문법을
알려 주는 것이 결코 쉽지 않은 작업이었습니다. 왜 시중에 어려운
책들이 넘쳐 나는지 이해도 되었습니다. 영문법을 어렵게만 배워 온 어른들로서는 그것을
쉽게 풀어서 설명하는 것이 더 어려운 일일 수밖에 없겠더군요. 그래서 언어학자인 제가
아니면 꼭 필요한 이 일을 할 사람이 없겠구나 하는 나름의 사명감까지 느꼈습니다.

〈그램그램 영문법 원정대〉는 출판사 분들과 만화가 선생님들의 노고가 합쳐져
탄생하였습니다. 건, 빛나, 피오 세 어린이가 그램우즈라는 가상 세계에서 리버스 마왕에
맞서 나운, 프로나운, 버브 등 그램펫들을 물리치면서 영문법을 하나하나 알아가는
내용으로 영문법 학습뿐만이 아니라 어드벤처 이야기로도 흥미진진합니다.

책을 쓰면서 우리 아이는 물론이고 여러 어린이들에게 이 책을 보여 주었더니 얼마나
재미있어 하는지 몇 번이고 반복해서 읽더군요. 그러면서 저절로 명사의 수나 be 동사의
변화 등을 자연스럽게 익혔습니다. 우리말에 없는 관사의 개념도 정확히 이해하고 주어에
따라 동사를 변화시켜 문장을 만들기도 하였습니다. 무엇보다 그걸 공부라고 여기지 않고
놀이처럼 따라 한다는 점이 놀라웠습니다.

이제 우리 아이들은 어른들이 영어를 배울 때처럼 활용하지도 못할 영어를 배워서는 안
됩니다. **영어 문법 역시 어려운 용어를 무조건 외우게 할 것이 아니라 머릿속에 영어의
구조를 만들어 주어 스스로 자연스런 문장을 말할 수 있게 해야 합니다.** 그러려면 물고기를
잡아 주는 것이 아니라 물고기 잡는 법을 알려 주어야 합니다. 재미있게 시작한 공부는
앞으로도 계속 즐거운 경험으로 이어질 것입니다. 여러 어린이들의
재미있는 영어 공부에 이 책이 조금이나마 도움이 되기를 바랍니다.

지은이 장영준

어린이 여러분 보세요!

교수님, 영문법이 뭐예요?

영문법은 '영어 문법'의 줄임말이란다.
문법이란 말을 하거나 글을 쓰는 규칙을 말하지.
영어로는 그래머(Grammar)라고 해.

말을 하거나 글을 쓰는 규칙이요?

'새가 하늘이 날아가요' 하면
무슨 말인지 알겠니?

아니오.
'새가 하늘을 날아가요'라고
말해야 해요.

그래. 이렇게 우리말에도 지켜야 하는
규칙이 있어서 **이 규칙을 지키지 않으면 무슨 말을 하는지
알 수 없게 된단다.** 어린아이들이 문법을 지키지 않고 하는 말을
들으면 웃음이 절로 나오지 않니? 영어도 문법을 잘 모르고
말을 하면 우스운 말이 되겠지.

우리말 문법은 쉬운 것 같은데
영어 문법은 어렵지 않을까요?
전 아직 영어를 잘하지 못해요.

〈그램그램 영문법 원정대〉를 보면
영어 문법이 재미있어질 거야. 영어 문법이 재미있고
쉬워서 조금만 배워도 '아하! 그래서 이렇게 말하는구나'
하고 신이 나게 될 테니까.

차례

등장인물

건(Gun)

생각보다 행동이 앞서는 원정대의 사고뭉치.
인티에게서 아이템을 뺏겠다는 일념으로 혼자서 모모와 임퍼를 구하러
가지만 인티에게 번번이 골탕을 먹는다.

피오(Pio)

모든 것이 가소로운 원정대의 카리스마.
티와치로 울랄라 여왕을 소환해,
워드킹으로부터 패시브 보드게임을 얻어 낸다.

빛나(Bitna)

영어에 대한 풍부한 지식과 타고난 직감을 가진 원정대의 해결사.
원정대를 공격하는 별자리들을 제자리에 돌려놓는 데 결정적인 힌트를 제공한다.

모모(Grammpet Momo)

원정대와 모험을 같이하며 필요할 때마다 영문법 지식을 알려 주는 그램펫.
인티의 고향섬에서 임퍼와 함께 올빼미에게 납치당한다.

워드킹(Word King)

워즈랜드의 왕.
원정대에 의해 자신만의 꿈에서 깨어난 후,
원정대에게 패시브 보드게임을 주고 우주로 쫓아낸다.

가니메데 왕자(Prince Ganymede)
물병자리의 주인이지만, 처녀자리를 쫓아다니느라 물병을 방치해서
우주에 물난리가 나게 만든다.

물병
주인인 가니메데 왕자가 없어지자,
스스로 행동할 수가 없어 우주로 물을 마구 쏟아 낸다.

임퍼(Grammpet Imper)
워드킹에 의해 한 방에 정화된다.
그램우즈로 돌아가기 위해 건이의 구박을 꿋꿋하게 이겨 낸다.

인티(Grammpet Intie)
의문사를 관장하는 그램펫. 예전에 정화되었으나 원정대가 인티의 고향섬에 떨어지자,
건이에 대한 복수심으로 모모와 임퍼를 납치한다.

페이퍼맨(Paper-man)
건이의 명령의 반지로 살아 움직이게 된 의문의 페이퍼맨.
의문사 육하원칙에 대답을 하면서, 원정대를 인티가 있는 곳으로 안내한다.

엇! 저건… 임퍼!!

워드킹님!

윽… 임퍼가 워드킹의 그림자 속에 숨어들었잖아!

난리 났군.

ㅎㅎㅎ… 강력한 꼭두각시를 얻었군. 이젠 너희들은 끝이다!

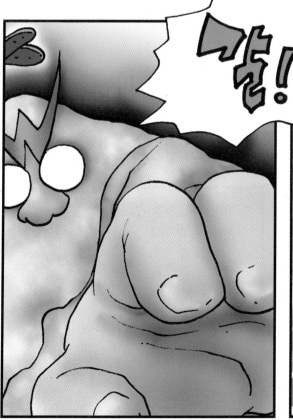

헉!! 이럴 수가… 내 조종이 깨지다니!! 게다가 그림자 속에 숨어 있는 나를…

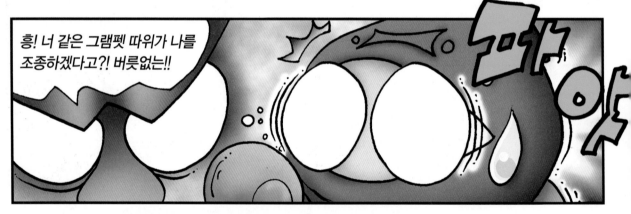

흥! 너 같은 그램펫 따위가 나를 조종하겠다고?! 버릇없는!!

와~ 순식간에 임퍼를 정화시켜 버렸어!

안 돼!!!

oh~no!!!

내 아이템!! 내가 물리쳐야 아이템을 얻을 수 있는데…

이 인간이 또!

한 번만 더 아이템 타령하면 죽을 줄 알아!

네…

워드킹님, 이제 약속대로 우리들을 그램우즈로 보내 주세요.

따끔!

아까워라~

흥! 내가 언제 너희들과 그런 약속을 했지?

하지만 저 시종관이 워드킹님을 꿈에서 깨어나게 해 드리면 우리를 그램우즈로 돌려보내 주겠다고…

그램없다?

그러니까! 강력한 힘을 갖고 있으니까 혹시 제압하면 아이템도 완전 빵빵할지도…

아이템 타령 그만 하랬지?

너희들이 내 꿈속에 들어와 장난쳤던 건 특별히 용서하마. 그러니 이만 이 성에서 나가거라!

잠깐! 나에게 좋은 생각이 있어.

워드킹이 울랄라 여왕님을 짝사랑했었잖아. 그러니까 티와치로 여왕님을 연결해서 워드킹을 설득해 달라고 하자.

오! 좋은 생각이야.

뭐야?
보드게임이잖아.

그 게임을 클리어 하면
그램우즈로 돌아갈 수 있을 것이다.
다시는 내 성에 얼씬도 하지 마라!

마법으로 우리를
우주로 보내 버린
모양이군.

우리가 쓰레기냐?!
우주 공간에 우릴
버리다니~!

모모~ 모모카로
변신해.

모모카 플라잉 버전으로 변신!

휴~ 뭐, 여왕님이
설득한 건 아니지만
그래도 원하는 대로
됐네.

그건 그렇고…

명령의 반지

임퍼의 마력이 깃든 반지.
어떤 대상에게 반지의 도장을
찍으면 그 사물의 속성을 지닌
생물체가 되며, 반지 주인의
명령을 따르게 된다.

이 게임을 클리어 하면
그램우즈로 돌아갈 수 있다
이거지?

재밌겠는 걸!

이게 시작
버튼인가 봐.

주사위를 던진 자 수동의 마법으로
위험을 극복하라!

뭐야? 겨우
주사위 놀이야?

1. 주인을 잃은 물병의 소동

※ 능동과 수동의 의미, 수동태의 쓰임 ※

휴~ 겨우 벗어났군.

우주 한복판에서 웬 홍수야?

임퍼도 누구랑 똑같이 수영을 못 하는 모양이네.

이젠 별 불일 없는데…

어? 근데 넌 왜 아직도 안 가고 있냐?

빠직

아이템 강탈해 갈 땐 언제고 이젠 찬밥 취급이냐?!! 그램우즈로 돌아가면 붙잡아도 갈 거니까 걱정 말라고!!

물병이잖아?!
게임기에서 나온
힌트하고 관계가
있는 건가?

뭐야?! 기껏 물병
주제에 우리 앞길을
막는단 말이야?!

혼을 내주지! Fire!

괜히 건드려서 긁어 부스럼이잖아!

어쭈~
둘이서 합창하냐?

그러지 말고
물병하고 대화를
해 보자. 뭔가 이유가
있는 거 같아.

엉엉엉...
나도 어쩔 수 없어.

난 원래 물병자리의 일부분인데 내 주인이 날 두고 떠나 버려서 수동적인 나로서는 어쩔 수 없다고.

물병자리?

물병자리면 별자리 중 하나잖아.

그러고 보니 이 게임도 별자리 여행처럼 돼 있었지.

수동이 뭐미?

게임 시작할 때 수동의 마법으로 위험을 극복하라고 했었는데…

수동?

능동적이다, 수동적이다 할 때의 그 수동을 말하는 건가?

맞아. 능동적이라는 건 어떤 행동을 스스로 적극적으로 하는 태도를 말하는 거고, 반면 수동적이라는 건 남에 의해 어떤 행동을 하게 되는 태도를 말하는 거야.

도대체 뭔 소리야?

...

흠…

흠… 그러니까 물병은 물을 따르거나 멈추려면 주인의 손을 빌려야만 하니까 수동적인 거고, 물병의 주인은 물병을 이용해 스스로 물을 따르고 멈출 수 있으니까 능동적인 거지.

이러면 알아 듣겠지?

앙!!

깽~!

그러니까 '건이가 개를 물었다'에서 건이는 스스로 개를 물었으니까 능동적인 거고,

'개가 건이에게 물렸다'에서 개는 건이에 의해서 물린 거니까 수동적인 거군.

내가 미쳤냐? 개를 왜 물어?!!

타격 타격!

문장의 주어가 스스로 적극적으로 행동하는
능동적인 상태의 문장을
능동태 문장이라고 해.

경찰이 도둑을 잡았다.
The police caught the thief.

아기가 책을 찢었다.
The baby tore the book.

그리고 주어가 남에 의해서 행동을 하게 되는
수동적인 상태의 문장을 수동태 문장이라고 하지.
특히 사물은 스스로 행동할 수 없으니까
수동태 문장을 사용할 때가 많아.

도둑이 경찰한테 잡혔다.
The thief was caught by the police.

책이 아기에 의해 찢어졌다.
The book was torn by the baby.

아~ 복잡해!!
그냥 능동태만
쓰면 되잖아!

그래 보통 때는 웬만하면
능동태를 사용하지.
그렇지만 수동태를
사용해야만 하는 경우도 있어.

'누가 무엇을 어떻게 한다'라고
할 때 '누가'를 주어라고 하지?
그런데 누가 했는지 모를 때는
어떻게 문장을 만들까?

누가 했는지
왜 몰라?!

어! 저기 봐.
창문이 깨져 있네.
'누가' 창문을 깼지?
'주어'가 뭐지?

이 상황을 능동태 문장으로
만들면 "누가 창문을 깼다"
(Somebody broke the window.)가 되겠지?
그렇지만 이상하잖아. 그래서 "창문이 깨졌다"
(The window was broken by somebody.)라고
수동태로 말하는 거야.

으흠… 누가 한 일인지
정확히 모를 때
수동태를 쓰는 거구나.

워드킹이 울랄라 여왕을 사랑하다.
Wordking loves Ulala.

울랄라 여왕이 워드킹에게 사랑받다.
Ulala is loved by Wordking.

이 두 문장의
차이가 뭘까?

그야, 앞은 능동이고
뒤는 수동이지.

다르긴 뭐가 달라.
워드킹이 울랄라 여왕을
사랑하는 거나 울랄라
여왕이 워드킹에게 사랑을
받는 거나 그게 그거지!

앞의 문장은
행동의 주체인 워드킹을
중심으로 생각하는 문장이지만,
뒤의 문장은 워드킹에게 사랑을 받는 대상인
울랄라 여왕님에게 초점을 두고 있는 거야.
워드킹이 울랄라 여왕님을 사랑한다는 게
중요한 게 아니라, 울랄라 여왕님이 사랑을
받는다는 것이 중요한 거지.

그러니까 수동의 마법을 이용해서 물병자리의 주인인 가니메데 왕자를 제자리로 돌려보내면 된다는 얘기로군.

가니메데 왕자는 또 누구야?

그리스 로마 신화에 나오는 물병자리에 얽힌 주인공이지.

가니메데 왕자는 원래 트로이의 왕자인데 남자들도 반할 정도로 뛰어난 미모를 가지고 있었대.

그런데 어느 날 제우스가 독수리를 시켜 가니메데 왕자를 납치해서 올림푸스 산에서 신들에게 술을 따르도록 했다는 거야.

그런데 가족들이 왕자를 그리워하자 별자리로 만들어 인간계에서도 볼 수 있도록 해 줬다는 얘기야.

호오~ 요즘으로 치면 나 같은 꽃미남이군!

F4?

천만에! 건이 너하고는 정반대지.

맞아, 맞아!

저것들이 이젠 듀엣으로!!

그런데 왕자가 어디로 떠나 버렸다는 거야?

내 뒤를 봐.

처녀자리에 반해서 매일같이 거기서 죽치고 있다.

까악~~~ 어떡해.

진짜 너무너무 잘생겼잖아~

음… 분하지만 나보다 쬐~끔 더 잘생겼군.

어이~ 거기 왕자인지 뭔지. 댁이 제 할 일은 안 하고 여자 꽁무니만 쫓아 다니니까 저쪽에선 홍수가 났잖아!

힐끗

내 사랑을 받아주오~♡

빠짝

어쭈~ 저게 잘생겼다고 내 말을 무시하네!

뜨거운 맛을…

…💧

뭐야? 명령을 안 따르잖아.

이상하다? 문법이 틀린 데도 없는데…?

아까 게임기가 '주사위를 던진 자 수동의 마법으로 위험을 극복'하랬잖아. 아마 주사위를 던진 건이가 수동태 문장으로 주문을 외워야 될 거야.

엥? 내가?

수동태를 어떻게 만드는데? 동태찌개도 아니고…

귀찮…

그건…

헉! 또 파도가…

일단 '무엇을'에 해당하는 *the prince*가 문장의 맨 앞으로 오고, 동사 형식이 〈*be* 동사+과거분사〉로 바뀌어.

그리고 '~에 의해'라는 뜻의 전치사 *by* 뒤에 본래 주어였던 *the eagle*을 쓰면 돼.

도대체 뭔 소리를 하는 거야??!!

쉽게 말해야지~

헉! 이러다 또 물 먹겠다!!

일단 날 따라서 주문을 외워 봐.
The prince is returned by the eagle.

The prince is returned by the eagle.
왕자가 독수리에 의해 되돌아가다.

됐어!

휴~ 사… 살았다.

호오~ 이 그램펫 임퍼도 꽤 쓸 만한데?

쳇! 파도 때문에 어쩔 수 없이 알려 준 거야. 다음부턴 어림없어.

꽤 재미있는 게임인데. 별자리에 대한 공부도 되고.

쩐흥녀!

머리만 아프구만…

이번엔
내가 던질게.

또 3이다.

궁수만이 전갈의 난동을
제압할 수 있다!

스스로 어떤 행동을 적극적으로 하는 것을
능동적이라고 하고, 남에 의해 어떤 행동을 하게
되는 걸 수동적이라고 해요.

다음 상황을 잘 보고, 문장의 주어가 능동적이면 가니메데 왕자에, 수동적이면 물병에 연결하세요.

빛나가 사과를 먹는다.

내 마음대로 물병을
움직일 수 있으니까
나는 능동적이지.

도둑이 경찰에게 잡혔다.

내가 물을 따르거나
멈추는 건 주인님에게
달렸으니까 나는
수동적이야.

나무꾼이 나무를 베다.

원정대가 능동과 수동을 잘 알아서 어서
그램우즈로 돌아와야 할 텐데, 저렇게 당하고만
있으니 걱정이에요.

다음 그림을 보고, '능동적'으로 행동하는 인물에게는 'active', '수동적'으로 행동하는 인물에게는
'passive'라고 쓰세요.

Gun is hit by the Virgin. →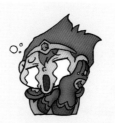

Bitna is controlled by Imper. →

Pio is attacked by a Grammpet. →

"누가 무엇을 어떻게 한다"는 문장은
능동태 문장이고, "무엇이 누구에 의해서 어떻게 된다"는 문장은
수동태 문장이거든?? 나 좀 그램우즈로 돌아가자!!

다음 그림과 문장을 보고 수동태 문장에 ✓ 표시를 해 보세요.

엄마가 케이크를 구웠다. ☐
Mom baked a cake.

케이크가 엄마에 의해 구워졌다.
A cake was baked by Mom.

컴퓨터가 수리공에 의해 고쳐지다. ☐
The computer is repaired by a
repairman.

수리공이 컴퓨터를 고친다. ☐
A repairman repairs the computer.

토끼가 사냥꾼에게 잡혔다. ☐
A rabbit was caught by a hunter.

사냥꾼이 토끼를 잡았다. ☐
A hunter caught a rabbit.

선수가 공을 차다. ☐
A player kicks a ball.

공이 선수에게 차이다. ☐
A ball is kicked by a player.

날 두고 처녀자리나 쫓아다니는 주인님 나빠요. 사물은 스스로 행동할 수가 없기 때문에 사물이 주어가 되어야 할 때는 주로 수동태 문장을 써요.

＊1편의 정답은 165쪽에서 확인하세요.

다음 그림에 알맞은 수동태 문장을 찾아서 연결하세요.

The ball is hit by the player.

The apple is eaten by Gun.

The door is painted by the painter.

2. 수동의 마법으로 별자리를 진압하다

※ 수동태 문장 만들기 ※

엄청 커다란 전갈이군!!

징그러워...

좋았어! 이번에야말로 내 마법으로 혼을 내 주지!

Fire!

엥?

위… 위험해!

헉!! 무시무시한 독이다.
행성이 녹아 버리잖아!!

역시 일반 마법으로는 소용이 없나봐.
아까 게임기에서
'궁수만이 전갈의 난동을
제압할 수 있다'고 했었지?

아! 맞다. 전갈자리와 궁수자리에
얽힌 신화가 있어.

그리스 로마 신화에 보면 오리온이라는
훌륭한 사냥꾼이 있었는데 잘난 척이 심하고 무례했대.

음하하하
날 당할 자
누구냐?!

하는 짓이
누구랑 닮았군!

뜨끔

그걸 본 여신 헤라가 참다못해 전갈을 보내 오리온의
발등을 독침으로 찔러 쓰러뜨렸다는 거야.

쿠으으~

별것도
아니네

전갈은 그 공로를 인정받아 하늘의 별자리가 됐다는 이야기야.

그런데 궁수하고 전갈이 무슨 상관이 있다는 거야?

별자리를 보면 궁수자리가 전갈자리 바로 뒤에서 활로 겨냥하고 있는 모습을 하고 있거든. 그래서 전갈이 난동을 피우면 궁수가 그걸 잡기 위해 따라다닌다는 말도 있어.

그렇담 빨리 궁수자리를 찾아! 이러다 잘못하면 독에 맞겠어.

헉!

헉!

저기야!
저게 궁수자리야!

능동태 문장으로 만들면
The archer hunts the scorpion.
궁수가 전갈을 사냥하다
이렇게 될 텐데,
그럼 이 문장을 수동태로 바꿔야 되나?

모모,
너 아까 뭐라고 했었지?
좀 차근차근 설명해 봐.

수동태 문장을 만드는 법은 간단해.
"누가 무엇을 어떻게 하다"라는 능동태 문장을
"무엇이 누구에 의해 어떻게 되다"라고 바꾸면 돼.

"누가 무엇을 어떻게 하다"라는 능동태 문장을 "무엇이 누구에 의해 어떻게 되다"라고 바꾸면 된다고?

그래. "피오가 창문을 열다"라는 문장은 "창문이 피오에 의해 열리다"가 되겠지.

"피오가 창문을 열다"라고 할 때 '창문을'이 목적어야. '열다'라는 행위의 목적이 되니까. 이 목적어가 수동태 문장에서는 주어가 되는 거지.

능동

피오가 창문을 열다.

수동

창문이 피오에 의해 열리다.

자, 그렇다면 능동태 문장을 수동태 문장으로 바꾸어 볼까?

Pio opens the window. 피오가 창문을 열다.

주어   목적어

The window is opened by Pio. 창문이 피오에 의해 열리다.

① 일단 '무엇을'에 해당하는 the window가 문장의 맨 앞으로 오고,
② 동사 형식이 〈be 동사+과거분사〉로 바뀌어.
   과거분사가 무엇인지는 이따가 설명해 줄게.
③ 그리고 '~에 의해'라는 뜻의 전치사인 by 뒤에 본래 주어였던
   Pio를 쓰면 돼.

by 다음에 오는 I, she, he, we, they는 목적격인 me, her, him, us, them으로 써 줘. 그리고 〈be 동사 + 과거분사〉에서 be 동사는 인칭과 시제에 맞게 써 주면 돼.

그런데 수동태 문장에서 by 이후를 생략하는 경우도 많이 있어.

① 일단 누가 했는지 모를 때는 by 이후를 생략해.

My purse is stolen (by ?).
내 지갑이 없어졌어.

누가 훔쳤는지를 모르니까 쓸 수가 없는 거야. 굳이 by 이후를 쓰자면 My purse is stolen by somebody.라고 할 수 있겠지만 이렇게 불특정한 경우에는 주로 생략을 해.

② 혹은 누가 했는지 알기는 하지만, 너무 뻔하거나 별로 중요하지 않을 때도 생략하지.

Bitna was born in Seoul.
빛나는 서울에서 태어났다.

왼쪽 그림의 문장에는 '그녀의 엄마에 의해'라는 뜻의 'by her mom'이 생략되어 있지. 누구나 자기 엄마에게서 태어나니까, 이럴 때는 굳이 'by her mom'을 써 줄 필요가 없는 거야.

오케이!
그런데 hunt의 과거분사형이 뭐야?

hunted지.

OK!

헉! 헉!

The scorpion is hunted by the archer.
전갈이 궁수에 의해 사냥당하다.

The scorpion is hunted by the archer.

으악!

됐어!
성공이야!

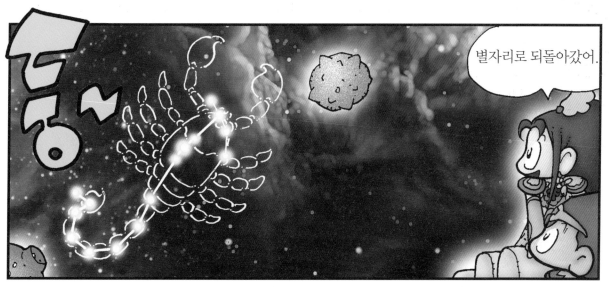

별자리로 되돌아갔어.

헉헉… 잘했어. 그런데…
어째 나만 계속
생고생하는 느낌이…

내가
고생이 많다~

어쩔 수 없잖아.
우주 공간을 마음대로
날 수 있는 건
모모카뿐이니까.

이번엔 내 차례지?

한쪽 가위를 잃은 분노가 너희들을 향하고 있다.
영웅에게 도움을 청하라.

Gramm

가위를 잃은 분노?
이건 또 무슨 뜻이야?

간단하네!
가위를 이기려면
주먹을 내면 되지!

싸늘~

바보의 말 따윈
무시하자고.

쳇! 니들은
유머를 몰라!

모두 꽉 잡아!!

주먹으로 이긴다며?
네 주먹으로
해치워 봐~

뭐… 말이
그렇다는 거지…

그런데 집게발이
한쪽밖에 없네?
어떻게 된 거지?

한쪽 집게발이
사라진 게라…

아! 그렇다면
헤라클레스를
찾아야 해.

헤라클레스?

헤라클레스가 괴물 히드라와
싸울 때의 이야기인데,

헤라클레스를 미워하던 여신 헤라가
커다란 게를 보내서 히드라를 돕게 했대.

꼬디

억

살금 살금

헤라클레스가 히드라와 치열하게 싸우고 있을 때
큰 게가 나타나 헤라클레스의 발가락을
물어뜯었다는 거야.

하지만 게 또한 헤라클레스의 발에 밟혀
한쪽 집게발이 부러진 채 죽게 됐고

헤라가 그 게를 하늘의 별자리로
만들었다는 이야기야.

영웅한테 도움을 청하란게
헤라클레스를 말하는 거였군.

그렇다면 헤라클레스
자리를 찾아 수동태의
마법을 쓰면 되겠군.

저기야.
저게 헤라클레스 자리야.

Hercules stamps the crab.
헤라클레스가 게를 밟는다.
능동태는 이렇게 되겠군.

그렇지!

stamp의 과거분사는 stamped야.

OK!

The crab is stamped Hercules.
stamp-짓밟다

짬 짬~

?

피오!! by가 빠졌잖아~
'~에 의해'라는 뜻의 전치사
by가 들어가야지!!

아차차~

아직도 수동태 문장이
헷갈리는 거니?? 그럼 내가 힌트를 줄게.
수동태 문장의 한가운데에는
〈be 동사+동사의 과거분사형+by〉가 들어간다고.

다음 문장 중에서 수동태를 찾아 √ 표를 하세요.

Imper is purified by Wordking. ☐   Gun takes an item from Imper. ☐

Ulala is called by Pio. ☐   Bitna pinches Toad. ☐

도대체 언제 그램우즈로 돌아와서 리버스 마왕을 해치울 거야?
쯧쯧. 피오처럼 수동태 문장에 나오는 전치사를 계속 까먹으면,
영영 못 돌아오게 된다고. '~에 의해'라는 뜻의 전치사를 넣으렴.

다음 수동태 문장의 빈칸에 알맞은 전치사를 넣으세요.

Gun is loved (　　　) Yally.

An eagle is called (　　　) Bitna.

Momo is kidnapped (　　　) Intie.

혜혜. 우주에서 나만 생고생이잖아.
애들아, 주어 다음의 be 동사는 인칭에 맞게 써야 하고,
수동태 문장에서 by 다음에 들어가는 인칭대명사는
목적격을 쓴다고. 잊지 마!!

다음 문장에서 틀린 부분을 찾아 ×표를 하고 바르게 고쳐 쓰세요.

The book was written by he.

The room are cleaned by her.

The building is built by they.

날짜 :

점수 :

확인 :

만날 쫓겨만 다니고,
밥도 못 먹고, 배고파 죽겠다.
그런데 저 소시지들을 수동태 문장의
어순에 맞게 늘어놔야지만 먹을 수 있다고??

＊2편의 정답은 166쪽에서
확인하세요.

다음 그림을 보고 쪼개진 단어들을 연결해 올바른 수동태 문장을 만드세요.

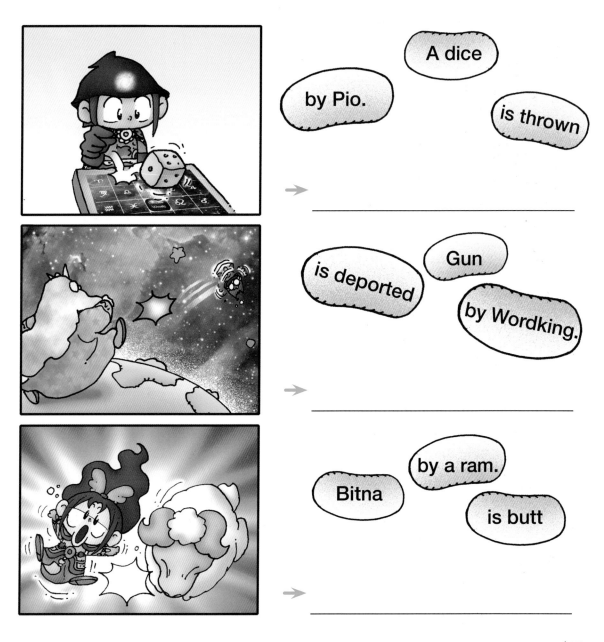

A dice

by Pio.

is thrown

→

_____

is deported

Gun

by Wordking.

→

_____

by a ram.

Bitna

is butt

→

_____

3. 스타게이트를 여는 열쇠

※ 과거분사 ※

혁… 혁… 어째 나만 생고생하는 거 같네.

그정도 가지고 힘들다고 엄살은…

이제 거의 끝까지 왔어. 2 이상만 나오면 끝이야.

Gramm Woods

오케이~ 이번엔 내 차례지?

앗싸~

아 뵤~

나와라!

혼자 신났군!

툭 툭

됐다!

과거에서 온 동사의 변덕이
너희의 운명을 좌우한다.

과거에서 온 동사의 변덕?

뭔 소리야?

이것만 통과하면 그램우즈로 돌아갈 수 있겠지?

음… 그럼 저 문장들은 전부 수동태 문장인 건가?

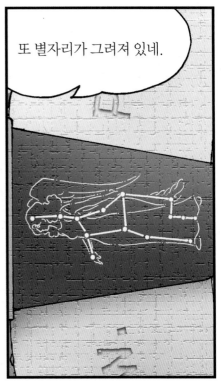

또 별자리가 그려져 있네.

자물쇠로 보이는 곳에 별자리가 그려져 있고 문장의 과거분사 자리만 비어 있어.

과거에서 온 동사의 변덕이라고 했지? 아무래도 형태의 변화가 많은 과거분사를 이야기하는 것 같은데?

그러니까 도대체 과거분사가 뭐냔 말이야!!!

분사라는 말은 동사에서 갈라져 나왔다는 뜻이야. 그러니까 정확히 말하면 과거분사는 동사는 아니지.

동사가 아니라고?

그럼 과거 분사면 과거에 동사에서 갈라져 나왔다는 말??

'과거-'라는 말이 붙은 이유는, 과거분사의 형태가 기본적으로 동사의 과거형과 같기 때문이야.

쯧쯧...
네가 고생이 많다~

아! 알겠다! 하나의 문장엔 하나의 동사만이 들어갈 수 있으니까 수동태를 쓰기 위해서 동사를 변형시켜 쓰는 거구나! 현재 진행형이나 to 부정사처럼.

그렇지!

역시 빛나야!

과거분사는 수동태 문장을 만들기 위한 동사의 또 다른 모습이야. 어떤 동사가 과거분사로 변신을 하면 '~되어진' '~하여진'이라는 수동의 의미를 가지게 되지.

물론이야. 과거분사는 기본적으로 동사의 과거형과 같아. 동사의 과거형은 어떻게 만들었지?

그야, 동사 뒤에 -ed를 붙이는 거지. 그리고 e로 끝나는 동사에는 d만 붙이고, y로 끝나는 동사는 y → i + ed 였잖아!

그러면 각 동사들의 과거분사는 어떻게 만들어? 그것도 어떤 규칙이 있겠지?

그래, 맞아. 그렇게 -ed를 붙이는 동사를 규칙동사라고 했잖아. 이런 규칙동사는 과거분사도 -ed를 붙여. 즉 과거형과 과거분사형이 같은 거지.

The dog is washed by her.
개가 그녀에 의해 씻기다.

오~ 웬일이래?!

The computer is fixed by him.
컴퓨터가 그에 의해 고쳐지다.

The stone is carried by the baby.
바위가 아기에 의해 들리다.

규칙동사		
현재형	과거형	과거분사형
clean 청소하다	cleaned	cleaned
open 열다	opened	opened
wash 씻다	washed	washed
fix 고치다	fixed	fixed
bake 굽다	baked	baked
love 사랑하다	loved	loved
dry 말리다	dried	dried
carry 들다	carried	carried

하지만 과거형이 제멋대로 변하는 불규칙 동사도 많았다고! 내가 그것 때문에 벼락을 얼마나 많이 맞았는 줄 알아?

그래. 하지만 어쩔 수 없는 걸. 불규칙 동사는 과거형뿐만 아니라 과거분사형도 제멋대로 바뀐다고. 그때그때 기억해 두는 수밖에.

A-B-B형		
현재형 (A)	과거형 (B)	과거분사형 (B)
build 세우다	built	built
bring 가져오다	brought	brought
make 만들다	made	made
shoot 쏘다	shot	shot
find 발견하다	found	found

불규칙 동사의 과거분사형, 그 첫 번째!! 과거분사형이 과거형과 같은 경우야.

The cookies are made by mother.
쿠키가 엄마에 의해 만들어지다.

불규칙 동사의 과거분사형, 그 두 번째!! 과거분사형도 제멋대로 바뀌는 경우지. 흐흐흐

A-B-C형		
현재형 (A)	과거형 (B)	과거분사형 (C)
break 부수다	broke	broken
eat 먹다	ate	eaten
bite 깨물다	bit	bitten
steal 훔치다	stole	stolen
be(am, is, are)	was, were	been

Toad is bitten by Gun.
토드가 건이에게 물리다.

뿐만 아니라, 과거분사형이 현재형과 같은 것도 있고(run-ran-run, come-came-come, become-became-become), 현재형-과거형-과거분사형이 다 같은 경우도 있어(cut-cut-cut, put-put-put).

cut-cut-cut, put-put-put. 오~ 요거 좋은데? 다른 동사도 다 이러면 안 될까?

Persephone was ☐ by Hades.
페르세포네는 하데스에 의해
○○되었다…?
저기 빈자리에 과거분사를
집어넣으라는 거구만. 근데 어떤
단어를 넣으란 거야?

Persephone was ○ by Hades.

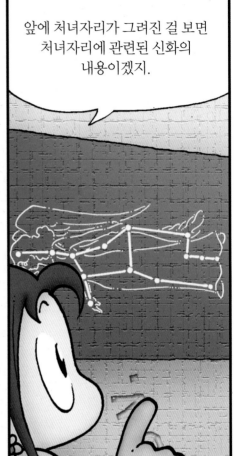

앞에 처녀자리가 그려진 걸 보면
처녀자리에 관련된 신화의
내용이겠지.

신화에 보면, 토지의 여신
데메테르의 딸 페르세포네는
그 아름다움에 반한 하데스한테
납치당해 지하로 끌려가거든.

나처럼
예뻤나봐~

납치하다는 뜻인 kidnap의
과거분사를 넣으면 될 거 같아.

너였으면 하데스의
할아버지가 와도
묵찌빠로 갈겼
오히려 목숨이
위태롭지.

아까 보니까 동사에 -ed를 붙여서 과거형을 만들고 과거형과 과거분사형은 같더만.

흑~ 흑~

매를 벌어요~

응

그럼 kidnaped겠지. kidnaped!

꽈앙

꽈앙

응?

슈우우우~

컥!!

이 통증은
어디서 많이 당해봤던…

아흐~

호오~
빛나의 실력 못지않은데?

그래도 빛나의
손바닥이 더
아프당…

어휴… 성격 급한건…
kidnap의 과거형과
과거분사형은
kidnapped야.

왜 쓸데없이 p는
하나 더 붙는겨?!

쳇!

쓸데없는 게 아냐~
단모음+단자음으로 끝나는
동사는 자음을 한번 더
써주고 -ed를 붙이고…

머라
그러는겨.
kidnapped!

됐다.
자물쇠가 하나 열렸어.

다음 자물쇠는
양자리 그림이야.

양자리 신화는, 전령의 신 헤르메스가 계모에게
구박받는 프릭소스와 헬레에게 양을 보내서
두 아이를 구한다는 이야기야.

The children were ☐ by the sheep .
아이들은 양에 의해 ○○되었다.
그럼 구출하다는 뜻인 rescue의 과거분사를
집어넣으면 되겠군.

쯧쯧…

또 뭐가
잘못된 거야?

4권에서 시제에 대해 배웠던 거
기억 안 나? e로 끝나는 단어는 끝에
d만 붙여 과거형을 만든다고 했잖아.

그… 그러고 보니…
그런 얘기가 있었던 것
같기도 하고…

rescued!

rescued

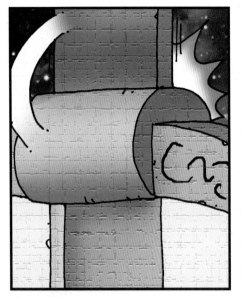

근데 왜 자물쇠는
네 개나 달아 놓은 거야?!
짜증 나게…

The children were the sheep.

one was kidnapped by ...es.

작가의 배려겠지.

다음은 게자리 그림이잖아.
A claw of the crab is ☐ by Hercules.
게의 집게발은 헤라클레스에 ○○되었다…?

claw of the crab was

거꾸로 돼 있어
읽기 힘드네

게자리는 아까 설명했었지.
헤라클레스에게 밟혀 집게발이
하나 부러졌다고.

이번엔 쉽군.
부러지다 break의 과거분사
breaked를 넣으면 되잖아.

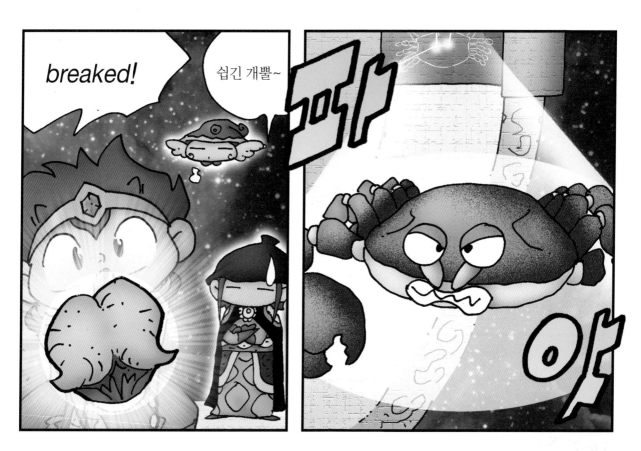

헉헉…
어떻게 된 거야?

break는 현재, 과거,
과거분사가 다 다르다고
했잖아!

아!
break - broke -
broken으로
바뀐댔지?

broken!

그럴수도
있는거지,
성질은..

A claw of the crab was broken by Hercules.

broken

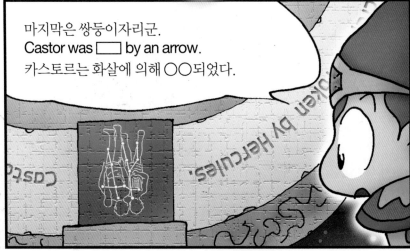

마지막은 쌍둥이자리군.
Castor was ☐ by an arrow.
카스토르는 화살에 의해 ○○되었다.

사이좋은 형제인 카스토르와 폴룩스는 함께 전쟁터에 나갔는데 형인 카스토르가 화살에 맞아 죽었어. 그런데 동생인 폴룩스가 제우스에게 간청해 자신의 불사의 몸을 버리고 형과 함께 있게 해 달라고 했지. 그래서 둘이 하늘로 올라가 별자리가 됐다는 이야기야.

그럼 hit의 과거분사를 넣으면 되겠군.

헉!

뭐지?

뭐야? 자물쇠가 그냥 열려 버렸잖아.

으이그~ 네가 과거분사를 말했잖아.

hit은 과거와 과거분사가 모두 hit으로 같다고.

아! 그렇군. 음하하하… 당연 알고 있었지. hit-hit-hit

그야말로 소 뒷걸음질에 쥐 잡았군.

휴…
드디어 열렸군.

정말 어렵다,
어려워.

이리로 들어가면
그램우즈로 돌아갈 수
있는 거겠지?

어째 타임님의 포탈이
생각나는 게
영 불안한데…

쯧~ 겁들은 많아서.

날 따르라.
고고고~

용감한 건지
무식한 건지…

어쨌건 우리도
가 보자.

Wind!

파
아
앗

휴~ 빛나 마법
덕분에 살았군.

근데 여기가 어디…

원정대가 이렇게 오랫동안 떠나 있으면
그램우즈는 어떻게 되나요? 얼른 동사의 과거분사를
찾아서, 그램우즈로 돌아왔으면 좋겠어요.

자동차에 써 있는 동사의 원형, 과거형, 과거분사형을 선으로 이어 보세요.

아이고, 또 스타게이트잖아? 허걱, 근데 이 동사들은
과거분사형이 불규칙적으로 변하는 골치 아픈 녀석들이잖아.

스타게이트에 적힌 동사들의 과거분사형을 찾아서 동그라미 치세요.

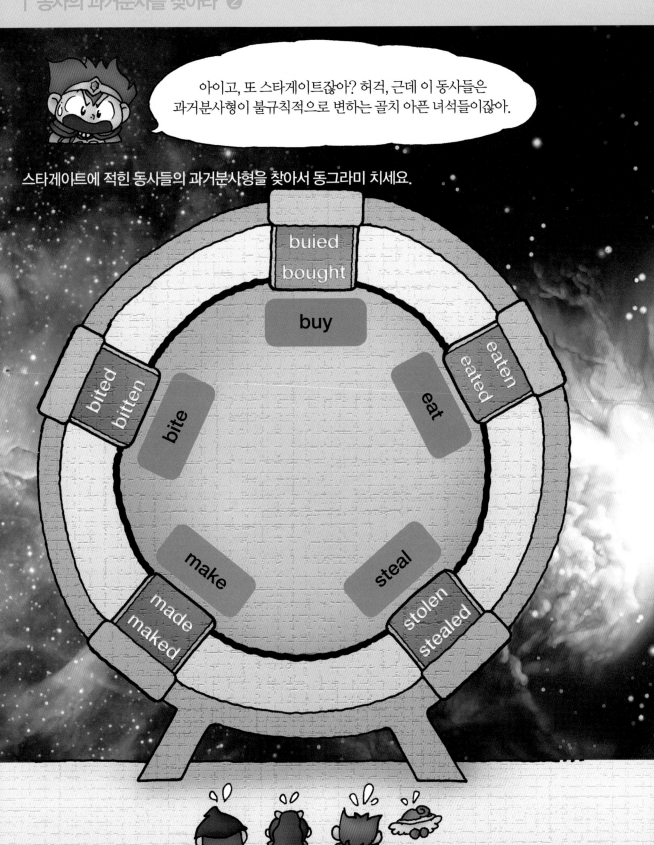

제멋대로 변하는
동사의 과거분사형을 적어야 해요.
여러분의 도움이 쬐~끔 필요하답니다.

밑줄 친 곳에 들어갈 과거분사형을 쓰세요.

The letter is _____ by a postman.
deliver

Gun is _____ by lightning.
hit

The dog is _____ by her.
wash

The dog is _____ by her.
dry

날짜 :

점수 :

확인 :

여기는 인간 세상에 있는 건이의 방이에요.
건이의 장난감들이 건이가 돌아오기를 기다리며
이야기를 하고 있네요.

*3편의 정답은 167쪽에서
확인하세요.

장난감들이 하는 말들 중에 올바른 과거분사를 사용한 수동태 문장에 동그라미 치세요.

이… 이거…
혹시 워드킹이 우리를
속인 게 아닐까?

그럴 리가…

설마, 왕 체면이 있지
우리한테 거짓말을 했겠어?

상어떼 잖아…ㄸ

아냐! 워드킹 생긴 걸 보면
쓰다 버린 걸레같이 생긴 게
충분히 우리를 속였을 수도
있어.

쓰다버린
걸레라니…

어느놈이 내 욕을
하나?! 귀가…

후비적

?!

턱

턱

뭐… 뭐야?

모모!

이상한 올빼미한테 모모랑 임퍼가 잡혀갔어!

파닥
파닥

혹시 그램펫 아냐?

티와치가 경고를 하지 않는 걸 보면 그램펫은 아닌 거 같은데…

?

이건 또 뭐야?

물음표?

그 올빼미가 떨어트린 건가?

흠… 뭔가 이상하군. 그렘펫 냄새가 나는데 티와치는 경고를 안 하고…

하긴 올빼미 생긴 것도 이상했어. 머리엔 모자를 쓰고 눈이랑 부리도 이상하게 생겼고.

어쨌든 모모를 되찾아야지. 올빼미가 사라진 방향으로 가 보자.

잠깐만!

Just a moment!

저딴 종이 인형으로 뭘 하겠다는 거야?

좋았어! 우릴 모모와 임퍼를 잡아간 독수리에게 안내해 봐.

호오~ 괜찮은 생각인데?

난 의문의 페이퍼맨. 나에게 명령을 내리려면 의문사를 이용해야만 한다.

엥? 의문사?

육하원칙에 입각해서 질문을 하라.

흠… 의문사를 이용해 물어보면 대답은 해 줄 수 있다는 말이군.

뭐야? 복잡하게시리…

아이템 설명에 반지를 찍은 대상은 그 사물의 속성이 깃든다고 했었잖아.

Oh~ No~ 복잡한 건 싫어!!

아마 물음표가 그려진 종이라서 의문사의 속성이 깃든 모양이야.

가만있자. 장소를 물어보는 의문사가… Where지?

그… 그랬었나?

으휴~ 5권에서 인터로 스핑크스하고 싸울 때 배웠잖아!

그러고 보니 건이는 그때 큐브에 갇혀서 꼼짝달싹 못 했었어.

장소를 물을 땐 〈Where + is + 단수주어?〉나 〈Where + are + 복수주어?〉를 사용한댔어.

그… 그럼… 모모하고 임퍼가 있는 곳을 물어보는 거니까…

어렵다…

Where are Momo and Imper?
모모와 임퍼는 어디 있니?
이렇게?

There.
저기에.

휴~

자세히 보니까 건물 같은 게 보여.

오호… 건이가 간만에 안 틀리고 문장을 한 번에 완성했군.

저게… 또…

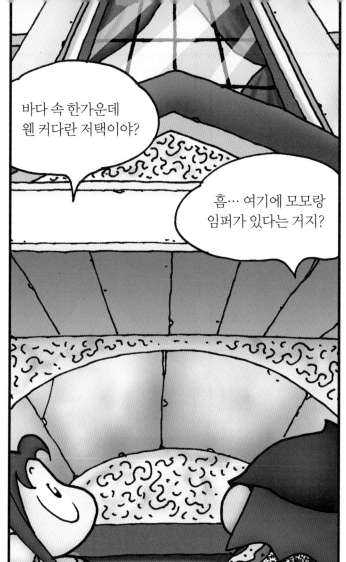

바다 속 한가운데 웬 커다란 저택이야?

흠… 여기에 모모랑 임퍼가 있다는 거지?

어라? 문이 잠긴 모양인데?

어이!! 당장 모모를 돌려보내!

그러지 말고 또 저 페이퍼맨한테 물어보자.

윽… 그냥 부수고 들어가지…

그러고 보니까 건이는 의문사가 나올 때마다 큐브에 갇혔었구나.

그랬었나?!!

2권에서 인티랑 싸울 때도 그랬고 5권에서 인터로 스핑크스랑 싸울 때도 큐브에 갇혀 있었잖아.

어휴~ 못 배웠으면 못 배웠다고 말을 하지.

아마 자기가 배웠는지 안 배웠는지도 몰랐을걸?

뜨끔 뜨끔 !

2권에서 인티랑 싸울 때 무엇인지 물을 때에는 what을 쓴다고 배웠었지.

What is the key?
무엇이 열쇠니?

흐흐흐 흐흐흐

The sundial.
해시계.

엥?

이 해시계가
열쇠라고?

이걸로 어떻게
문을 연다는 거야?

글쎄…?

으그그그…
답답해!!!

이 열쇠 사용법도
물어봐.

역시 어떻게를 뜻하는
how를 이용하면
되겠다.

How do I use this?
이걸 어떻게 사용하니?

Turn the hands of the clock
to special time.
시계 바늘을 특별한 시간으로 돌리렴.

그 시간이 언제인데?

언제를 뜻하는
when으로 물어야지.

좀 짜증나기는
하는군. 일일이
물어봐야 하니…

이번엔 내가 물어볼게.
When is the special time?
그 특별한 시간이 언제니?

Twelve o'clock.
12시.

그림자가 12시로 향하게
돌리면 되겠지?

됐어.

들어가자.

흠…
아무도 없잖아.

방금까지 누가 있었을 거야.
벽난로가 타오르고 있잖아.

그런데 도대체 누가 모모랑
임퍼를 납치해 간 거지?
이런 저택에 살면서…

페이퍼맨한테
물어보자.

누구를 물어볼 땐
who를 이용한댔지?

Who is the master of this mansion?
이 저택의 주인이 누구니?

Intie.
인티.

응?

엥? 인티면
그 피에로 그램펫?

역시 그램펫이었군.
정화돼서 티와치에
안 떴던 거야.

맞아. 분명히 정화됐는데
왜 모모를 납치해 간 거지?

우릴
돕기도
했었잖아

페이퍼맨은 알려나?
페이퍼맨한테 물어봐.

음... 이유를 물을 때는
why였지?

Why did he kidnap Momo?
왜 그는 모모를 납치했니?

Because of Gun.
건이 때문이야.

왜 또
나야?!

내가 뭘 어쨌다고?

여긴 바다 속에 있는 인티의 고향 섬이다.

오… 우리가 그램우즈로 돌아오긴 온 모양이군.

건이가 얄리 공주만 믿고 인티를 구박해 원정대가 이 섬으로 떨어진 걸 알고 건이를 골려 주기 위해 모모를 납치했다.

내가 언제 인티를 구박했어?!

다크케이브 앞에서 우릴 도와주러 왔을 때를 말하는 모양이야.

인티가 얄리 공주를 무서워하는 줄 알아차리고 건이 네가 인티를 협박했었잖아.

그… 그랬나?

쩝… 인티도 성격이 쿨하지 못하군. 그런 사소한 걸로 우릴 괴롭히다니…

성격이 쪼잔한가봐

아무리 그래도 그렇지! 그램펫 주제에 감히 나랑 한번 해보자는 거야?

오호~ 모모가 없는데도 용케 여기까지 들어왔네?

엇? 인티!!

깔깔깔~ 모모 없이는 꼼짝달싹 못할 줄 알았는데 말이야.

인티!

의문사에 대해 아주 깡통은 아닌 모양이군.

[Who 누구?]

'Who is/are~?' '~가 누구니?'
'Who + 일반 동사~?' '누가 ~하니?'

[What 무엇?]

'What is/are~?' '~은 무엇이니?'
'What do/does~?' '무엇을 ~하니?'

[When 언제?]

'When is/are~?' '~는 언제니?'
'When do/does~?' '언제 ~하니?'

criminal - 범인, footprint - 발자국
fingerprint - 지문, maybe - 아마도

[Where 어디?]

'Where is/are ~?'
'~은 어디에 있니?'
'Where do/does ~?'
'어디에서 ~하니?'

Where were you last night?
너 지난밤에 어디에 있었니?

I was … at home!

When did you come here?
너는 여기에 언제 왔었니?

I never came here!
나는 여기에 절대 오지 않았어!

[Why 왜?]

'Why is/are ~?'
'왜 (기분이) ~하니?'
'Why do/does ~?'
'왜 ~을 하니?'

대답은 Because ~ 로 한다고!

Why are you exited?
너는 왜 흥분하니?

Because I'm so hot.

Why do you sweat?
너는 왜 땀을 흘리니?

수상해~

[How 어떻게?]

'어떻게 하는지' 방법
'어떤지' 상태
'얼마나 ~한지' 정도

How are you now?
너 지금 기분이 어떠니?

I'm fine~

How can I catch the criminal?
내가 어떻게 범인을 잡을 수 있니?

Don't ask me!
나한테 묻지 마!

범인은 바로 너야!!

무슨 소리야! 증거 있어? 증거 있냐고!!!

네 입에 묻은 과자 부스러기가 증거지!! 밤에 과자 훔쳐 먹은 게 너 맞지?!

그렇게 쉬운 방법이…!

에휴… 아무래도 함정을 잔뜩 깔아 놨겠지?

두말하면 입 아프지.

살살 달래서 모모를 풀어 달라고 할 것이지, 오히려 화를 더 돋우면 어떡해?!

어허… 걱정 마슈~

너희들은 손가락 하나 까딱하지 말고 여기서 기다려! 나 혼자서 인티 녀석을 혼내 주고 모모를 구출해 올 테니까!

쟤가 뭘 잘못 먹었나? 뭘 믿고 저렇게 큰소리야?

그러게…

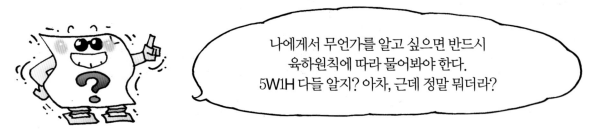

울랄라 여왕의 미션 | 육하원칙에 따라 밝혀라 ❶

나에게서 무언가를 알고 싶으면 반드시
육하원칙에 따라 물어봐야 한다.
5W1H 다들 알지? 아차, 근데 정말 뭐더라?

다음 의문사들 중에서 육하원칙에 속하지 않는 의문사에 동그라미 치세요.

그런데 인티에게 잡혀간 모모와 임퍼는 의문사를 잘 아나? 내가 물어보는 말에 제대로 대답해 보시라고.

모모와 임퍼 중, 페이퍼맨의 물음에 맞게 대답한 그램펫에 동그라미 치세요.

Wordking loves Ulala.

Because Ulala is so beautiful.

Who loves Queen Ulala?

I will go there tonight.

An owl caught us.

What caught you?

I drunk a cup of water.

Because I'm so thirsty.

Why did you drink water so much?

원정대가 모모와 임퍼를 구하러 가는 동안,
인티의 저택에서는 어떤 일이 있었을까요?
세 명의 그램펫이 나눈 대화랍니다.

빈칸에 알맞은 의문문을 찾아서 써 넣으세요.

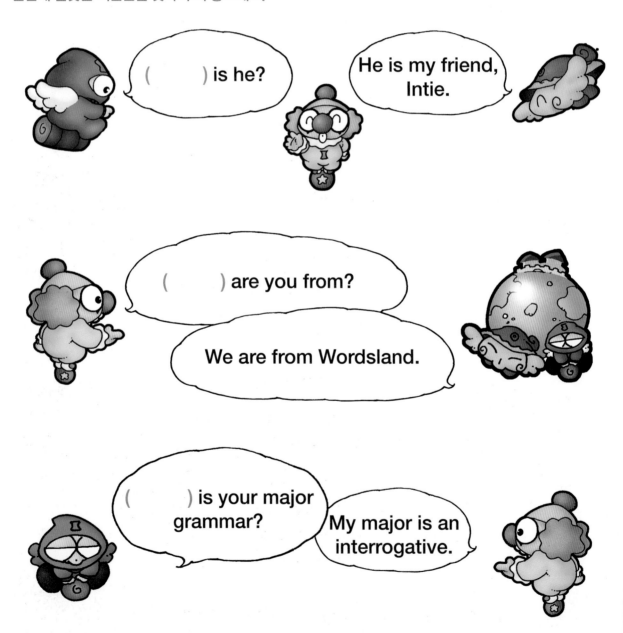

*4편의 정답은 168쪽에서
확인하세요.

날짜 :

점수 :

확인 :

(   ) will Gun arrive here?

Immediately.

Immediately – 곧

(   ) did you kidnap us?

Because of Gun.
He laughed at me!!

laugh at – 놀리다

(   ) did you come back to
the Grammwoods?

We passed
the star gate.

| Who | When | Where | What | How | Why |

까올~~

드디어 시작한 모양이군.

크으… 제법인데? 내 마법을 반사하다니…

에헤헤헤헤~~ 이 저택은 반사 마법이 걸려 있어서 마법으론 절대 부술 수 없지요~~

안으로 들어가고 싶으면 질문에 답하세요.

Which **door** do you choose, **left** or **right**?
어느 문을 선택할래, 왼쪽 아니면 오른쪽?

으…
또 의문사야…

끙… which가
뭐였더라…

아! 7권에서 얄리하고
콘이 싸울 때 괴상한
할아버지가 가르쳐 줬었지!

여러 개 중에서
어느 것을 선택할지
묻는 말이라고.

그럼 왼쪽 문과 오른쪽 문 중에서 어느 걸 고르겠냐는 말이군.

에헤헤헤헤~ left or right? 얼른 선택하세요~

그렇다면 내 비장의 필살기를!

크아악~ 퉷!

더러워라…

오케이! left! 왼쪽!

쯧쯧쯧~
생긴 것만큼 지저분한
방식이군요.

시끄럿!
어쨌든 맞으면 됐지!

어쭈~
이게!!!

어라? 아까 위로 올라가더니
왜 밖에서 들어오냐?

시끄러!
말 시키지 마!

이번엔 right!
오른쪽!

에헤헤헤헤~
지저분한 짓을 하니까
몰골도 지저분해지네요.

휴~ 이번엔 제대로
된 문으로 들어온
모양인데…

흠…
이번엔 문이 세 개.

에헤헤헤헤~
Whose house is this?
이 집은 누구의 집이니?

윽! 이번엔 whose.

whose가 뭐더라…?

맞다!
9권에서 동굴을 통과할 때
배웠던 거 같은데…

으… 누구의 것인지
소유를 물어볼 때 쓰는
의문사였던가…?

쯧쯧…
어렵다…

대… 대답은…
It's Intie's house.
인티의 집이지.

…

에헤헤헤헤…
제법이군요.

음… 너무 쉽게 들여보내
주는 게 뭔가 찜찜한데…

헤 헤…

뭐야?
아무도 없잖아.

까울~~~

쯧쯧~ 알 만하다.
인티한테 계속
당하는 모양이군.

뭐야?! 분명 답이 맞는데
왜 밖으로 튕겨 내는 거야?

에헤헤헤헤…
난 문제를 내고 답을 맞히면
문을 열어줄 뿐.
따지려면 인티한테 따져요.

으…
인티 너 잡히면
죽었어!!

있는 아이템
다 뺏어버려야지!

How far is the door?
문까지는 얼마나 머니?

끄응… how는…

9권에서 인티가 독수리들을 물리칠 때 how를 썼었지?

맞아! 'how+형용사'를 이용해 '얼마나 ~한지' 묻는 거랬어!

그런데 far가 뭐지?

파~라.

대파, 양파 할 때 그 파인가?

쯧쯧.

빛나야, 파가 뭐야?

파?
도레미파솔라시도
할 때 파?

아니. 그 파 말고.
'퐈아~' 에프, 에이, 알!
far!

아~ far~
그건 '멀리, 먼' 그런
뜻이지.

쯧쯧…
지 혼자서 다
한다더니!

땡큐~

그럼, How far~ 하면
'얼마나 먼지' 물어보는
거로군.

문까지 얼마나 먼지
물어보는 거야…

헉
헉

대답은
It's very close.
매우 가까워.

또 씩씩거리며
뛰어 들어오겠군.

...

건아, 혼자서 힘들면
도와줄까?

어허! 뭔 소리!
걱정 붙들어 매고
기다려! 나 혼자 충분히
할 수 있으니까!

쯧쯧…
속이 뻔히 보인다.
인티한테서 아이템
뜯어내려는 네 심보가.

휴… 이게 마지막 문이군. 이 안에 인티가 있겠지?

What color is this door?
이 문은 무슨 색깔이니?

이건 간단하군. what이 무엇인지 물어보는 거니까… what color면 어떤 색인지 물어보는 거잖아.

It's blue.
파란색.

크아아아~~~
더 이상 못 참겠다!

으… 마법은 반사한댔지…

그렇지!

에잇
마법이 안 되면 힘으로!

힘 하면
역시 뽀글머리지.

인티 너 죽었어!!!

응?

이…
이건 또 뭐야?!

에헤헤헤~
용케 여기까지 왔…

야, 모두들 내 실력을 봤겠지?
내가 의문사를 틀리게 말한 게 아니라
인티가 비겁하게 나를 골탕 먹인
거라고.

너희들 모두 딴 데 있느라
내 실력을 못 봤지?
내가 설명해 주도록 하지.
야, 인티 너! 이제 네가 대답해!

[Which 어느 것? 어떤 것?]

여러 가지 중에서 어느 것을 선택할지 물을 때

Which person is more afraid?
Princess Yally or Devil Reverse?

Of course, Yally!!

Which Grammpet do you like?
Momo or Imper?

I like Momo.

[Whose 누구의 것?]

소유를 물을 때, 〈Whose + 명사 + 의문문?〉

Whose vase is this?

It's mine!
Be careful!

Whose chair
is this?

It is
my grandmother's.

[How+형용사 얼마나 ~하니?]

빛나야, 너에게
소개팅시켜 줄 아이야.

How old is he?

He is
16 years old.

How tall is he?

He is 180 cm.

How heavy is he?

He is 70 kg.

How many~ 얼마나 많이(셀 수 있는 명사)
How much~ 얼마나 많이(셀 수 없는 명사)

How many rooms are in this mansion?

One hundred.

How many pictures are here?

Almost thirty.

How much money do you have?

Nothing.

How much gold is in this box?

There is a lot of gold in here.

What+명사 무슨 ~이니?

What kind of thing is this?

It's a kind of fruit.

What color is this?

It's yellow.

What taste is this?

It's very sweet!

What monster is this?

It's banana Grammpet!!

모모!
이게 어떻게
된 거야?

걱정하지 마.
인티가 만든
비눗방울이야.

우릴 바다 위까지
보내 줄 거야.

보내긴 누굴 보내!!!
그냥은 절대 못 가!

잘 가~
덕분에 재미있었어.

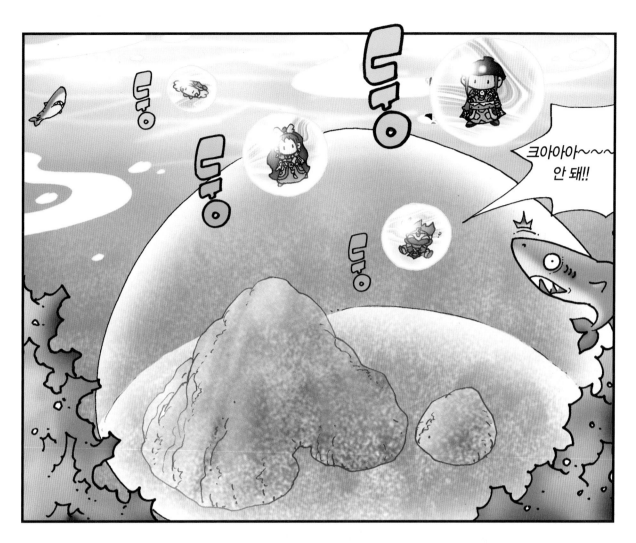

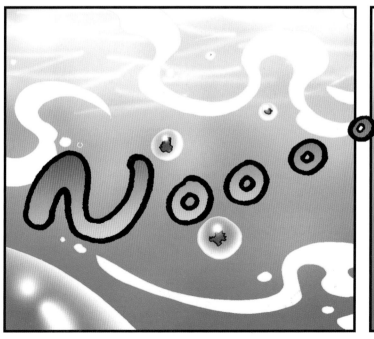

드디어 그램우즈로 돌아온 원정대!
다크케이브의 의문의 여전사를
다시 만나게 될지…
13권에서 계속됩니다.

이 섬에는 내가 무서워 하는 얄리 공주님이 없다고. 내가 그렇게 쉽게 건이를 들여보내 줄 것 같아?

건이가 폭탄을 밟지 않도록, 질문을 읽고 올바른 문에 동그라미 치세요.

> 칠칠맞지 못한 원정대 녀석들 같으니라고.
> 왜 아이템들을 질질 흘리고 다니는 게냐?
> 어서 찾아가지 않으면 내가 가질 거야.

인티의 질문을 읽고, 아이템의 주인과 연결하고 주인의 이름을 쓰세요.

Whose watch is this?

It is ( )'s crown.

Whose crown is this?

It is ( )'s T-watch.

Whose wand is this?

It is ( )'s magic wand.

Whose ring is this?

It is ( )'s order ring.

와~ 나 진짜 오랜만이지?
셀 수 있는 명사와 셀 수 없는 명사를 구분하는 걸
배운 지 너무 오래되어서 다 잊어 먹은 거 아냐?

사물을 보고, 질문의 빈칸에 셀 수 있는 사물이면 many, 셀 수 없는 사물이면 much를 넣고, 올바른
정답과 연결하세요.

How ☐ apples are in the basket?

Three apples.

How ☐ honey is in the jar?

A little.

How ☐ sugar is in the bottle?

Very much.

How ☐ books are on the table?

Four books.

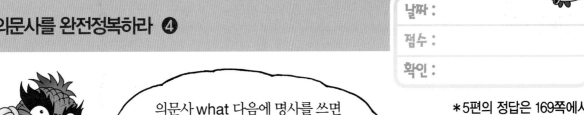

의문사 what 다음에 명사를 쓰면
'무슨 ~이니?'라고 물어볼 수 있어.
아, 나 의문사도 너무 잘하지 않아?

*5편의 정답은 169쪽에서
확인하세요.

다음 그림을 보고 빈칸에 들어갈 알맞은 낱말을 찾아 쓰세요.

What (   ) do you like?

I like cat!

What (   ) are you listening to?

I am listening to
the rock music.

What (   ) did you read?

I read
"GramGram."

music   book   animal

아직 영어를 읽지 못하는 어린이들을 위해
12권 본문에 나오는 영어 단어를 우리말로 읽어 주고
뜻도 써 놓았어요. 실제 영어 발음과는 차이가 나므로
읽기용으로만 참고하세요.

A

a [어] **an** [언] 관 어떤 하나(한 사람)의
and [앤드] 접 ~와, 그리고
archer [어처] 명 사수, 궁수
are [아] 동 ~이다, ~에 있다
arrow [애로우] 명 화살

B

blue [블루] 형 파란
break [브레이크] 동 깨뜨리다, 부수다
broken [브로큰] 분 break의 과거분사
by [바이] 전 ~로, ~에 의해

C

can [캔] 조 ~할 수 있다
Castor [캐스터] 명 카스토르(쌍둥이자리의 알파성)
children [칠드런] 명 아이들, child의 복수
choose [추우즈] 동 고르다
claw [클러] 명 집게발
clock [클락] 명 시계
close [클로즈] 동 닫다, 형 가까운
color [컬러] 명 색깔
crab [크랩] 명 게

D

do [두] 동 ~을 하다
door [도어] 명 문

E

eagle [이글] 명 독수리

F

far [파] 형 먼, 멀리

G

get [겟] 동 얻다

H

Hades [헤이디즈] 명 하데스(저승의 신)
hand [핸드] 명 손
he [히] 대 그는
Hercules [허큘리즈] 명 헤라클레스
hit [힛] 동 때리다, 맞히다
house [하우스] 명 집
how [하우] 의 어떻게
hunt [헌트] 동 사냥하다, 추적하다
hunted [헌티드] 분 hunt의 과거분사

I

in [인] 전 ~(장소) 안에
is [이즈] 동 ~이다, ~에 있다
it [잇] 대 그것은

K

key [키] 명 열쇠
kidnap [키드냅] 동 납치하다
kidnapped [키드냅드] 분 kidnap의 과거분사

L

left [레프트] 명 왼쪽

M

man [맨] 명 남자, 사람
mansion [맨션] 명 저택
master [매스터] 명 주인

O

of [오브] 전 ~의

P

paper [페이퍼] 명 종이
Persephone [퍼세퍼니] 명 페르세포네
prince [프린스] 명 왕자

R

red [레드] 형 빨간
rescue [레스큐] 동 구출하다
rescued [레스큐드] 분 rescue의 과거분사
return [리턴] 동 되돌아가다
returned [리턴드] 분 return의 과거분사

right [라이트] 명 오른쪽

S

scorpion [스커피언] 명 전갈
sheep [쉬입] 명 양
special [스페셜] 형 특별한
stamp [스탬프] 동 짓밟다
stamped [스탬프드] 분 stamp의 과거분사
sundial [선다이얼] 명 해시계

T

the [더] 관 그, 이
there [데어] 부 그곳에, 거기에
this [디스] 대 이것
time [타임] 명 시간
to [투] 전 ~으로, ~에
turn [턴] 동 돌리다

U

use [유즈] 동 사용하다

V

very [베리] 부 매우, 몹시

W

was [워즈] 동 ~이었다, ~에 있었다
(be 동사 am, is의 과거형)
were [워] 동 ~이었다, ~에 있었다
(be 동사 are의 과거형)
what [왓] 의 무엇
when [웬] 의 언제
where [웨어] 의 어디

which [위치] 의 어느 쪽, 어느 것
who [후] 의 누구
whose [후즈] 의 누구의
why [와이] 의 왜

you [유] 때 너는, 너희는

몡 = 명사   뷔 = 부사   조 = 조동사
때 = 대명사   분 = 분사   의 = 의문사
동 = 동사   관 = 관사   감 = 감탄사
형 = 형용사   전 = 전치사

정답편

수동과 능동을 구분하라

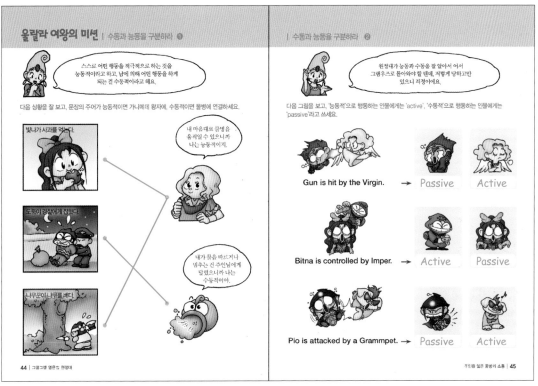

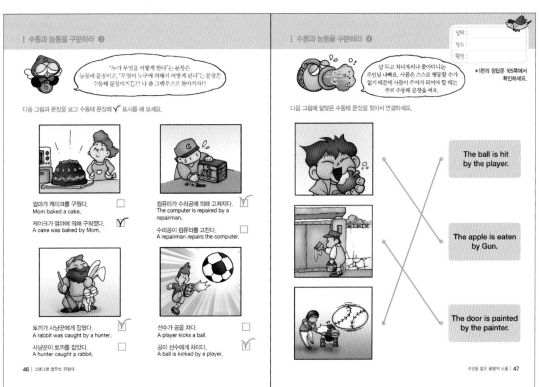

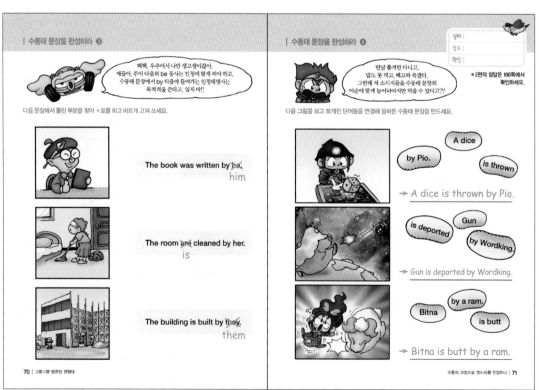

| 동사의 과거분사를 찾아라

| 의문사를 완전정복하라

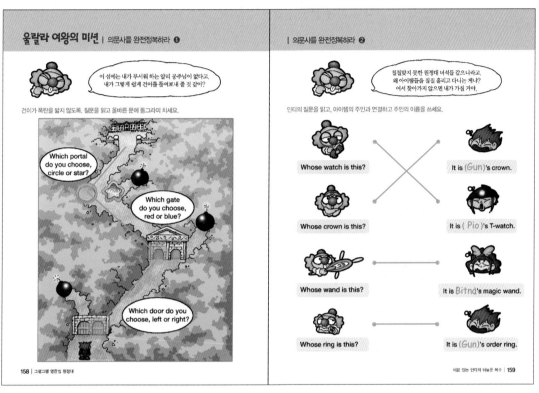

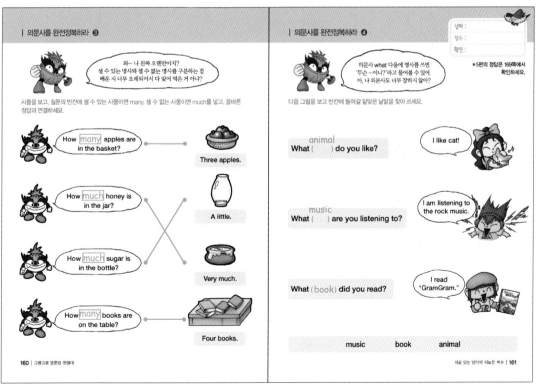

그램그램 영문법 원정대

제12권 진압하라! 별자리들의 수동태 반란

지은이 | 장영준
구성 · 그림 | 어필 프로젝트

초판 1쇄 펴냄 | 2009년 12월 10일
초판 5쇄 펴냄 | 2010년 01월 25일

펴낸이 | 윤철호
펴낸곳 | (주)사회평론
등록번호 | 제10-876호(1993년 10월 6일)
전화 | 02-326-1182(영업) 02-326-1542(편집)
팩스 | 02-326-1626
주소 | 서울시 마포구 서교동 247-14 임오빌딩 3층
홈페이지 | http://www.redbricks.co.kr

편집진행 | 김보은
편집팀 | 박은희 김보은
영업팀 | 이승필 백미숙
디자인 | design Vita
채색 | 어필 프로젝트, 제페토

값 9,800원

ISBN 978-89-6435-046-1 77740
ISBN 978-89-6435-047-8 (세트)

Copyright © 2009, 장영준 · 어필 프로젝트

《그램그램 영문법 원정대》는 여러분과 함께 만드는 책입니다!

《그램그램 영문법 원정대》를 사랑해 주시는 독자 여러분께 감사드립니다. 이 책에 대한 여러분의 생각과 의견을 보내 주세요. 여러분의 관심과 애정을 반영해 더 좋은 책을 만들도록 최선을 다하겠습니다.

*사회평론 홈페이지(www.ebricks.co.kr), 그램그램 싸이월드(http://town.cyworld.com/gramgram)

보내는 사람

_____

_____

_____

□□□ — □□□

우표 붙이는 자리

받는 사람
서울시 마포구 서교동 247-14 임오빌딩 3층
(주)사회평론 그램그램 영문법 원정대 담당자 앞

1 2 1 — 8 3 6

사회평론

접어서 풀칠해 주세요.

독자엽서

이름 _____ 성별 남 __ 여 __ 나이 _____세

학교이름 _____ 학년 _____

이메일 주소 _____

전화번호 _____

즐겨 보는 신문이나 잡지, 인터넷 웹사이트는 _____

구입한 시간과 장소는 _____년 ___월 ___일 _____시(도) _____서점

1. 독자 여러분, 발견했나요? 《그램그램 영문법 원정대》12권 곳곳에는 그램우즈의
   그램펫들이 숨어 있어요. 다음 그램펫 중 12권에 등장하지 않은 그램펫은 누구일까요?

2. 다음 장면에서 건이와 피오의 말풍선에 재미있는 대사를 넣어 주세요.

감사합니다.